SOBRE VIVENDO

Por V.V.

Uma e quarenta e quatro

13:44 virou um horário muito conhecido por mim. Exatamente quando o relógio marca esses quatro números, nessas férias, eu acordo e fico deitada na cama pensando no dia inteiro a minha frente.

Enfrentar o amargo doce desse período não é fácil, a quantidade de minutos que se tem para fazer o que quer é algo muito poderoso.

Se eu tomo proveito disso? De forma alguma. Na verdade, eu faço o contrário, passo o dia lembrando das mil coisas que quero fazer, como terminar de ler alguns livros e começar outros que estão na minha prateleira (me encarando). As longas horas de trilogias de filmes que eu preciso assistir antes que algo me prove o contrário. E claro, a hibernação de que uma garota de dezesseis anos precisa, o que é algo muito importante para a minha formação.

Acho que muitos jovens podem se identificar com o que acabei de escrever. Será que adultos também? Por favor me diga que sim pois já não aguento mais ser despejada na pilha dos adolescentes problemáticos...

Brilha forte

Tenho um novo prazer; observar as estrelas enquanto faço meu shavasana* na Yoga. Na verdade, é mais do que isso, é como se eu me comunicasse com elas pelo olhar. Hoje, senti algo que nunca tinha sentido antes, um cubo imenso de energia, dentro do meu abdômen, brilha forte, arde. Ele sempre esteve lá eu acho, só demorei para perceber. Talvez esse seja o centro do meu eu, O único, aquele que ninguém pode tirar de mim.

*é a posição de relaxamento no fim da prática, quando se está deitado como um cadáver.

Inocente

não serei

perto do seu cheiro

levei minha boca

amassada

na parte de trás do seu pescoço

Acordo cedo para ouvir o barulho de dor

estalando pelo meu corpo

Já pensastes em dormir com os anjos?

Mas eles estão tão distantes!

Dói não ter sua companhia.

Como pude entender o que não pode ser
entendido

E ao mesmo tempo me cegar com suas críticas

Meus defeitos, perfeitos

Mal pôde notar o que fez comigo.

Prefiro o suor nos meus ombros do que seus sentidos mortos.

O quente da lua e a sua boca tem algo em comum e, no entanto,

ilustram minha fome.

O trem passa dentro do túnel

O tempo passa dentro do mundo

TEMO SUA MORTE

COMO TEMO TE AMAR

O TEMOR QUE SINTO

TENDE A ME LEMBRAR

SE TENHO SEU CHEIRO NA MENTE

TENTO ESQUECER

E O FORTE TEMPO PASSA

E VOCÊ TENDE A ME VER

TEM MEU SOL E TEM MINHA LUA

TANTO VEJO A SUA FIGURA

TÃO CERTO DE TUDO

TIRANDO MEU MUNDO

TOQUEI NO FUNDO

E PERCO TUDO.

Vértices e faces

Somos disfarces

Somos um laço de gafes

Fomos juntos perto do mar

A maré alta

M e l e v a

Quando sinto arder a espuma toma-se no ar,

Me drogo nas ondas do mar

Me amo nas ondas do mar

Pude perceber o grito das máquinas, a força
com que corre o rio e os redemoinhos. As
fábricas, o nevoeiro do capital, todos
diziam sobre o tal lugar. Estive em vilas
que de perto pareciam calmas, mas o badalar
do relógio e a morte aproximavam-se.

(algo que escrevi sobre um século passado)

Fui além

Minha voz estremece e os prédios balançam

Mas a vista é ótima

Se entende

Vai embora

Meu campo na chuva aflora.

- Um Massacre e o medo da derrota

Um gesto banal como quem não quer nada

Desfeito dos pensamentos.

Quis escrever todas as palavras, sou como fada, perco a vida ao desacreditarem em mim.

Desde cedo penso nos passos leves pelo jardim e os pés formigando.

Estando presa em correntes

Incoerentes

Estridentes

Sigo só sigo

Queremos o fim do tempo

Ser incompetente nas mãos do amanhã

é a dor.

Eu já sei que antes da morte e gritaria todos já sabiam da dor de amar. Perdidos nos vimos nos espelhos dos bares, nos olhares de uma manhã chuvosa.

As mentes:

Salvem as mentes

Sinceros Amores

Me fez de dor

Nesse dia tão errante

Minhas palavras me frustram

Não quero estar aqui, por que devo passar por isso?

EU NÃO QUERO

EU NÃO QUERO

EU QUERO OS OLHARES

OS TOQUES

SOCORRO

É impressionante como o ser humano se contradiz, principalmente eu, que não cresci com meus pés no chão e ainda estou aprendendo a caminhar. A adolescência é um período de sofrimento, sejamos claros.

VÍTIMA

Me erro

Erro tudo, não sei como agir e reagir

Esse mundo é confuso, ele dá e tira

O fim não dói, mas finca, como uma faca no pé, me impedindo de seguir. Andarei sangrando. Vibrando, as células do meu corpo tentam me proteger, em vão.

Sou útil?

Transformo como borboleta no casulo. Diz que sou louca e que quero mudar, mesmo com uma faca presa nos pés. Escrevo olhando para você, o que passa nessa mente que grita e ao mesmo tempo se limita a dizer... Quero sentir o que uma vez foi tão simples e macio como morder uma maçã. Dessa vez não estou sentindo o quente. Dessa vez me pergunto se devo chegar perto. Tenho medo de te assustar. Como sou impulsiva...

Não escrevo isso para você, mas sim para lembrar, lembrar do bom de escrever apaixonado. Lembrar da emoção. O que me resta é acreditar no fim, soltar a vida e viver também?

Sente meu olhar? Sente o pudor?

O duro de viver no mundo do prazer.

Em busca de uma mudança radical. Em busca de uma nova vida. Estou acostumada com pequenas mudanças, nós já somos íntimas.

Por que tenho que respeitar o tempo se esse nunca me respeitou?

Eu além de ser

mergulho no

Além do ser

Eu sou completamente esquizofrênico em três idiomas diferentes, e não consigo decidir qual deles é o melhor. Nunca houve língua morta, língua é viva, orgânica.

Imagino-me numa bolha de camada fina e moldável, até que essa se arrebenta.

Calma e Arte

"Tudo bem?" "Estou feliz." "Sou feliz?"

Imagine a desgraça que é dar o melhor de si.

Nesta sexta-feira tão odiada, mas o ódio está na saudade!

Ela sabe sonhar e tem desejos nos olhos, que molhados assistiam o começo de uma grande vontade.

E não via um limite, sentira talvez uma incapacidade que não passava de uma inteligência. Talvez.

Enquanto houver uma tensão, há equilíbrio.
Não há uma maneira efetiva de melhorar o
contexto, mas deve haver um certo tipo de
entendimento. E o fundamental,

da Noite pro dia, naquele momento, tudo se desmoronou. É evidente que se tratava de um movimento irreversível e incontrolável de corpos e massas. Chegamos no fim.

Vazio, overdose de mim.

Talvez não deva suprir seus desejos.

Desse mundo aí fora tenho horror, desprezo.

Optei por viver aqui, do outro lado

Você vem

e

Aí?

Dar ênfase

Estranho meu dia, minha vida, que na verdade não é minha. Me sinto como um observador, mesmo podendo tomar decisões. Me sinto como um adesivo mal colado, um desvio, distorção.

Distorção.

A sociedade psicossocial

Domingo, fim de tarde, me encontro numa clínica. Numa rua de aposentos antigos, me deparo com um portão grande e azul. Por algum motivo a entrada majestosa seguida de uma escadaria não é o lugar para pacientes, o deles se encontra nos fundos.

Antes de entrar tive de ajeitar minha blusa e cobrir meu abdômen nu. Sem meus pertences, me colocam uma pulseira, a única coisa que poderia me diferenciar dos *outros*.

Passei por portas trancadas a quatro chaves e entrei. Grades e mais grades, nenhum jardim, uma piscina encurralada e um cinza perpetuava, deixando tudo aquilo ainda mais difícil. O cheiro, odor de lugar abafado e lanche de cantina. Mais de dez cabeças viram-se em minha direção, aqueles olhares indecifráveis, extasiados pela presença de um *invasor*. Muitos jovens jogando bola, idosos sentados nas mesas, e sempre pessoas de branco circulando. *A sociedade psicossocial.*

Esperanças sobre a sala de música, e também a biblioteca. Mortas. Livros, sérios, Violões e Piano entediados. E por fim, minha última observação: Um homem, não, um garoto. Um garoto cujo único problema no momento era o suor agarrado. Seus olhos encontram os meus. Eu o quis observar por mais tempo, mas não pude, a visita acabou.

SOU INACABADA

POR VOCÊ NÃO SINTO NADA

Errando te acerto

De Amor ou de Verdade,

aquela que não tem certeza,

e morre engasgada.

CONFLITO

Me fui em direção aos seus lábios, que enrugados e carregados de chuva, duros como câimbras, soltam o aroma das borboletas que pousam.

Fica frio e fraco.

De todas as memórias já acordo pura, mas sem asas, o que provoca estranhamento no meu dia de hoje.

Quem sou deitada na minha cama se ontem dormi e amanhã fugi

Amanhã fugi e ainda fujo

dos sonhos que escapam e que mesmo assim, os devoro.

Banal,

mas eu não me lembro de nós não sendo nós. Não lembro destes cabelos lisos não prendendo entre os meus dedos e essas palavras fortes não ditas. São como diamantes, valiosas. De tudo que carrego suas palavras sempre pesaram mais. O gatilho pronto e mais uma vez sinto que vou cair nessa lábia, nestes lábios do mundo.

Sempre soube que o mundo criou outro lugar para mim, e que por mais que quisesse não poderia me manter ali por muito tempo. Em nenhum lugar. Estando, portanto, sem um ponto de partida, onde diabos será o meu destino?

Perverso mundo que me empurra na linha do tempo, linha reta que apenas segura o que quer e deixa pra lá os defeitos e sonhos que jamais pude entender.

Final de ano demoro para digerir tudo o que aconteceu, fico apreensiva, e a vida me parece mais amarga. As únicas coisas que me fazem esquecer são os momentos leves, pessoas que entraram no meu caminho e me fazem pensar "estou amando". De fato, a sequência dos fatos não me agradou tanto, voltando agora não sei como pude aguentar esses brutais dez meses e esses outros dias de puro eu e dor. Porque 'eu' não sabe se está seguro, e 'eu' também sente vontade de tocar em outro 'eu', é uma graça. Outra graça foi entender o que provoco nas pessoas, até então não sabia do meu poder, quer dizer, eu senti isso poucas vezes na vida então não tenho menor controle sobre.

Descobri o que é o amor e o agora, aparentemente estes estão ligados, e eu só anseio por mais momentos de felicidade. Entreguei o que eu até não tinha, me vesti em cores e chorei rastros. Você viu tudo, e o que não viu outros viram, porque nunca estamos verdadeiramente sozinhos.

As memórias gritam para eu escutá-las, mas a única coisa que quero é acordar bem hoje.

EM TRANSE

As figuras humanas são transitórias.

O que é um problema pra você?

Suas falhas

quem é o inimigo?

Tudo é ambíguo, até mesmo a morte.

Somos frações de alguém, mas a minha vida,

pertence a mim.

Hoje escutei umas rimas de metrô e delas tirei "mudando o penteado, mas com o mesmo pente". Eu ia explicar por que me afetou e tentar interpretar, mas acho que só vou deixá-la aqui mesmo.

Uma boa noite.

Escrever com você é meu mais novo passatempo.
Pois o tempo passa e já não tenho mais seus braços,
o tempo fica por um tempo nesses lençóis de puro tesão acumulado...
Nesta cama mais vazia me deito,
e já é uma hora da manhã. E só penso em você, em escrever.
A verdade ainda não foi escrita pois o tempo que passamos nela ainda é de se ouvir.
É ouvir meu peito ofegante, é apagar e acordar na mesma noite, aquela em que nos perdemos e sugamos

Prazer.

Meu coração me chama
Nos chama
Nossa chama.

Distúrbio

Meus óculos me dão mesmo uma visão mais melancólica do mundo. Nesse dia nublado que fica cada vez mais cinzento, e dentro do carro o borrado da chuva, eu não consigo ver nada.

O medo de morrer está lá, nos faróis vermelhos do carro da frente. E eu só preciso confiar,
confiar nesses grandes caminhões que não me arranhariam um braço, mesmo brutos também são levados na onda possessiva, A chuva.

Anedotas de uma estudante não tão estudante

Acho que sou arrogante. Quero dizer, acho que sou *self centered*. Percebi isso na sala de aula, quando uma vez proclamaram meu nome em alto e bom som. É como se minha atenção se voltasse completamente a qualquer um que use a letra V.

Gosto de ser dita, mas principalmente, ouvida.

Que inédito seria se pudesse entender uma aula de química.

Uma vez meu professor de física me chamou de artista. Estou convencida de que não pertenço aqui, mas convencê-los é melhor ainda.

"Are you okay?"

Armo o mundo e em uma jogada destruo
tudo.

De uma forma ou de outra me desespero

e erro.

Desespero se espero,

de cara a cara com o relógio.

Desespero se espero o despertador tocar

De uma forma ou de outra o caminho
encurta e com um simples 'Boa noite'

me calo

e deito nos espinhos.

À prova de amor

Em letras e símbolos
Te escrevi uma carta
Guardei sob a cama e esqueci
Mas nunca esqueci de você
Que escreveu no meu corpo
O seu nome.

EXIT(ar)

Mademoiselle

Bebericando um vinho em Paris

O vento gelado não me deixa esquecer

As malas prontas.

Raso

De pernas para o ar me levanto

Quero sentir de novo.

Dirigida por instintos

O nariz viajado

Minhas digitais contra o tempo

Deu branco.

ELAS SÃO LOUCAS

VERMELHAS E LISAS

CARREGAM NA BOCA CEREJAS

E GRITOS

Não durmo mais por dormir, mas para acordar. Quando durmo para dormir é prazeroso pregar os olhos, mas hoje vou dormir até amanhã de manhã. Na verdade, faço isso mais do que imagino. Hoje o sonho será meu tapete na escuridão, mas estarei apenas de passagem.

Interdito

Foi proibido

O dito

E assim,

não te digo.

Vulva

Vulnerável

Aberta e entrega

ALERTA TABU!!!!

O impacto da imagem altera o discurso

O impacto do discurso altera a imagem

!!!

Crise

Foi perverso. Coisas nesse sentido. Me oponho à essa sucessão de erros que me levam à uma desconfiança brutal. O causador da dor é aquecido apenas no início, e fomenta, e tenta decolar solto como bomba atômica. Não dá para brigar com os fatos, acorde! Tomei iniciativa e dei um tiro no pé antes que ele me alcançasse.

Abrir mão

Emerge à guinada

Momento de colisão

é tentador

Fiquei confusa, não lembrava qual de nós gostava mais de azul ou verde, e aí percebi que me confundi nos papéis, e no amor.

E amanha o fim do mundo. Eu senti nesse domingo, foi por isso que ele me levou a loucura.

(faltam acentos porque meu computador e uma maquina do mal)

Tô partido

Tô partindo

Parte disso vai se indo

Em partes

"Tô indo!"

Que episódio

É uma pena não termos o apagão mais vezes. Ora, o escuro é mais vívido, assim como o real. No escuro vou ler e logo depois dormir. Nada de graça. Só eu. E você se der. Correndo na chuva para me ver nesse BREU.

- Homenagem involuntária ao belíssimo livro Uma Aprendizagem ou O livro dos prazeres de Clarice Lispector

Incomodado

eu tiro as etiquetas

Tenho sono

Tenho sonho

Todo mundo conhece o suspiro de choro, é aquele brusco e abrupto, quando parece que se toma um susto, nunca o esqueço.

Diário de Viagem

Chegamos em Londres como virgens viajantes, com nada além de indicações, libras, o mapa do metrô e um baita *jet lag*. Em um lugar onde a fumaça de cigarro e o concreto só desaparecem quando estamos no parque é difícil pensar em outra cor ao invés de cinza. Um dia frio como todos os outros, criamos a nossa rotina. Dia a dia vira acordar, tomar banho, correr para o café da manhã do hotel e andar na cidade. A não ser quando interrompidos pela chuva, aí os planos são conhecer o cinema inglês. Não há por que partir quando temos nosso quartinho e o Meridiano de Greenwich logo ao lado, mas refaço a mala para o próximo destino, Amsterdam.

Há o que falar sobre a cidade dos pecados, apesar de já ser tão autoexplicativa. O mais belo passeio é trafegar pelos canais e ver as casas unidas, aqui eu quero ficar. Mais um trem e descemos em Paris, pude ver o topo da Torre Eiffel de dentro do táxi e então me dei conta de que estava mesmo lá.

Um dos sonhos mais comuns é poder conhecer a cidade luz. Dos muitos livros e filmes românticos que me fizeram derreter estava lá escrito ''cidade do amor''. Muitos e cansativos anos depois a eu romântica se depara com um dos cenários de suas fantasias. E por mais estranho que isto soe, eu não consigo sentir nada, me sinto completamente dormente e dúbia.

Por todos os dias eu estive assim, como se estivesse vivendo um sonho. Todos os dias até agora, chegar em casa foi como acordar de um longo devaneio e perceber a realidade. Quando fui dormir pela primeira vez depois do choque senti cada sensação da viagem pelo meu corpo de uma só vez, eu amo e odeio nostalgia!

A gente pensa no que vai sentir

A gente pensa no que vai fazer

A gente pensa no que vai dizer

A gente sonha e dói viver

Mas no final

Vive.

Um deslize, e pelas paredes eu me choco e choco e choro. O mesmo que me faz suspirar, tira o meu fôlego.

Um vexame:

Não se sabe de quem é o pentelho grudado no sabonete.

Agony

FIM

Por agora...

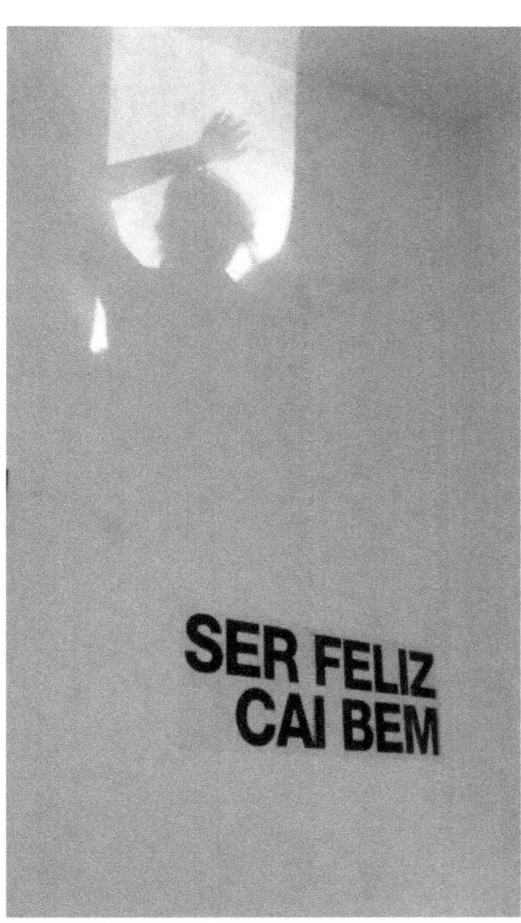

SER FELIZ
CAI BEM

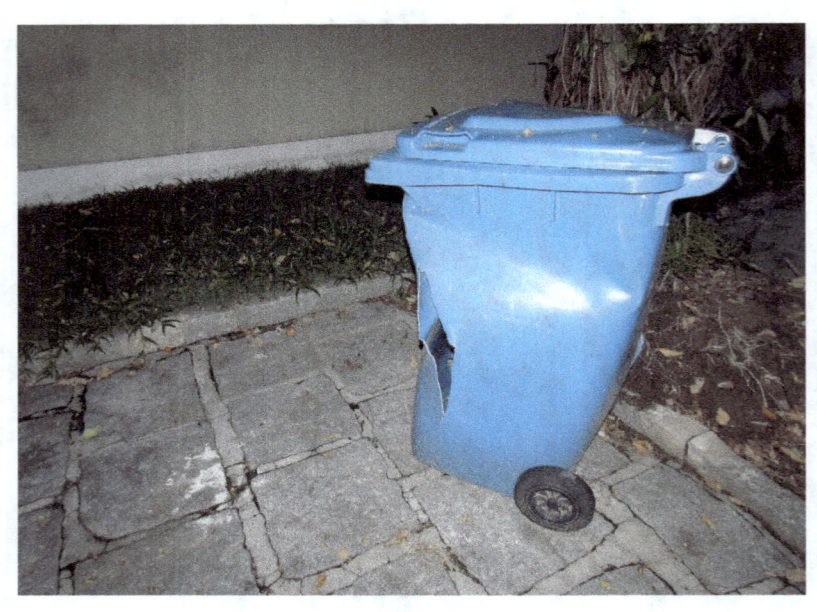

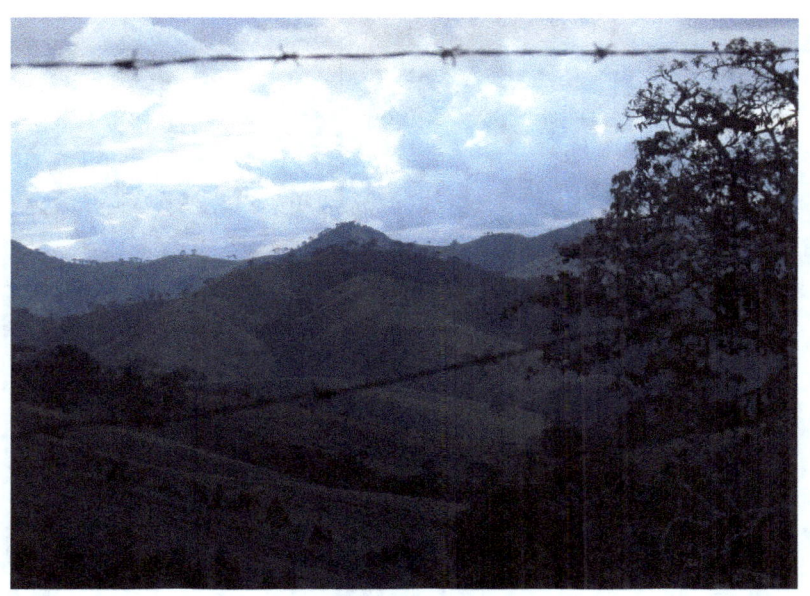

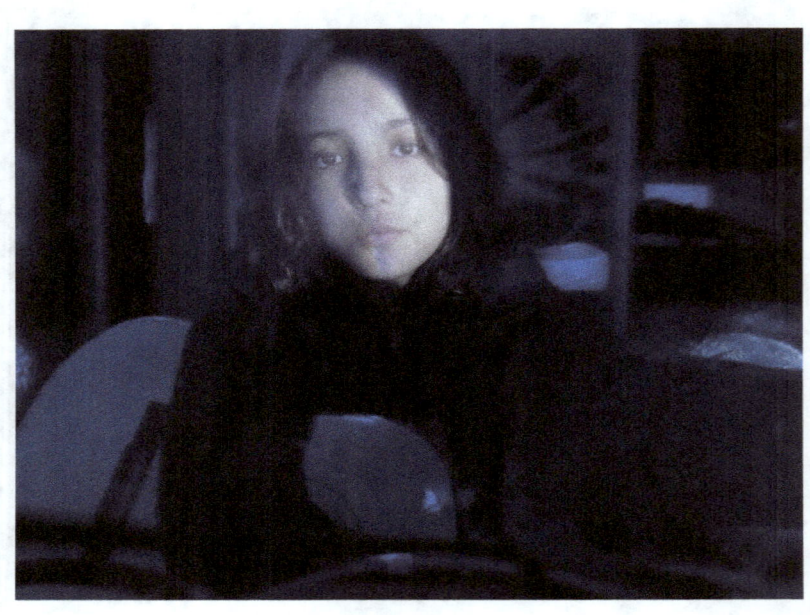

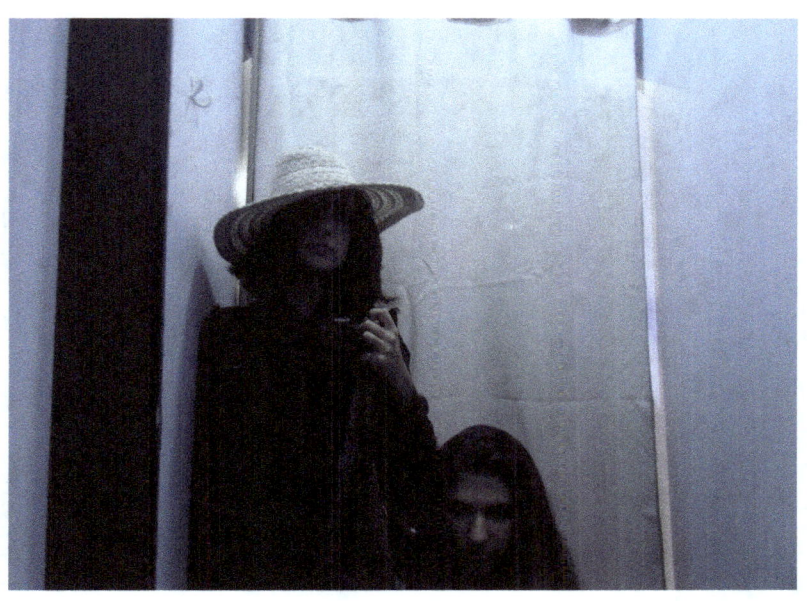

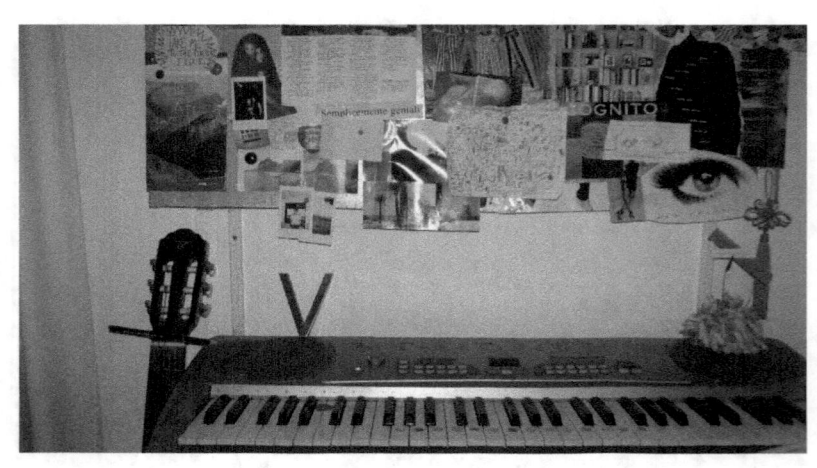

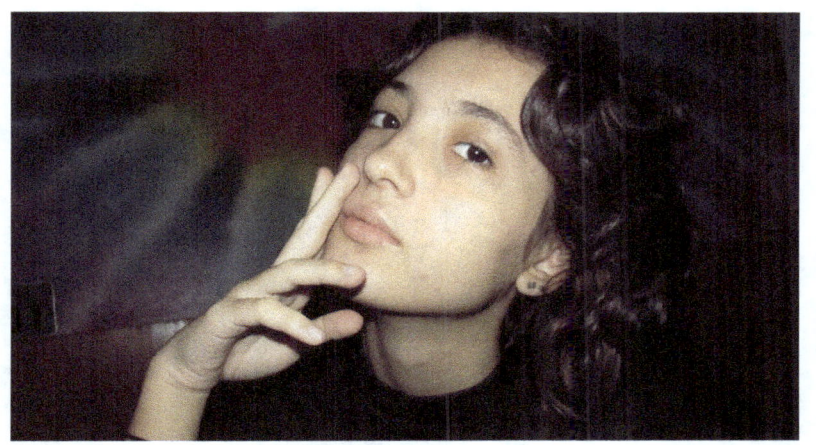

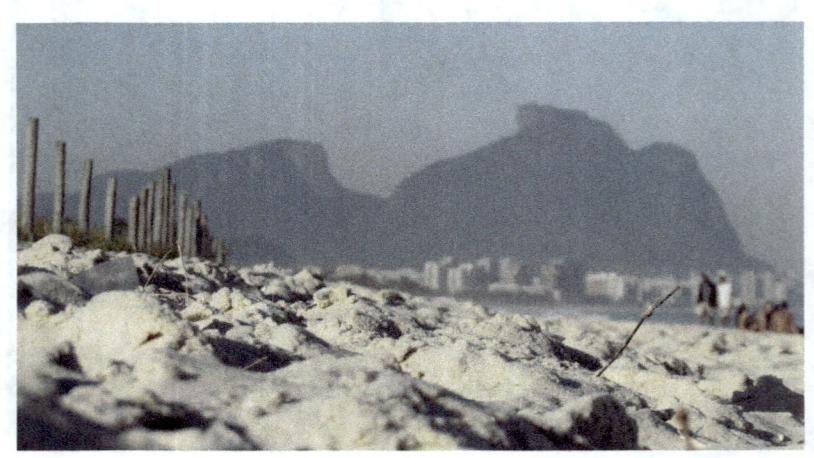

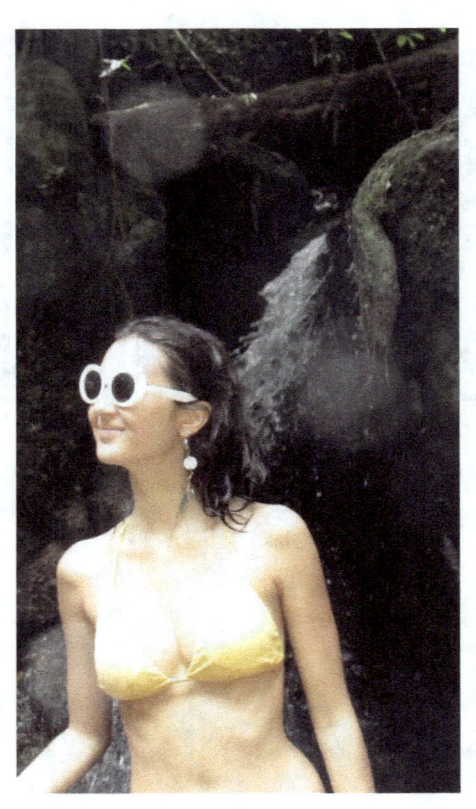

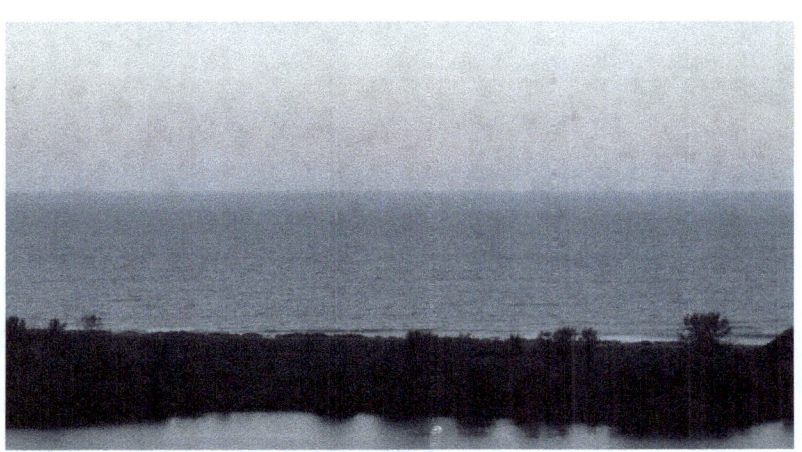

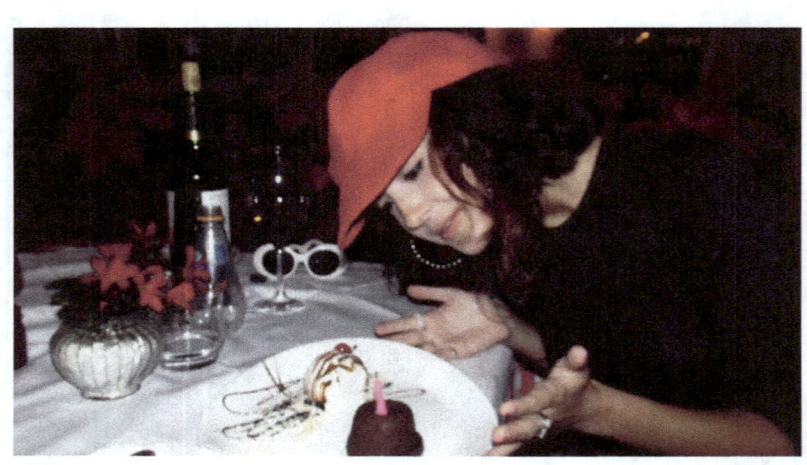

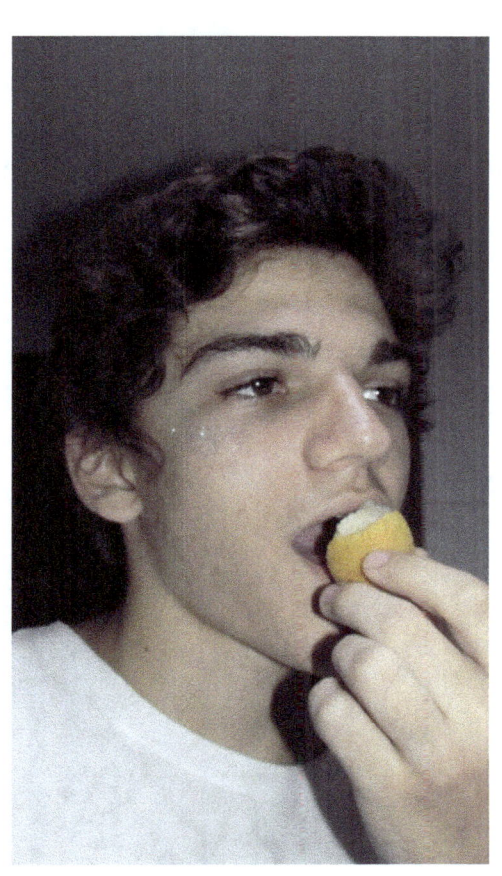

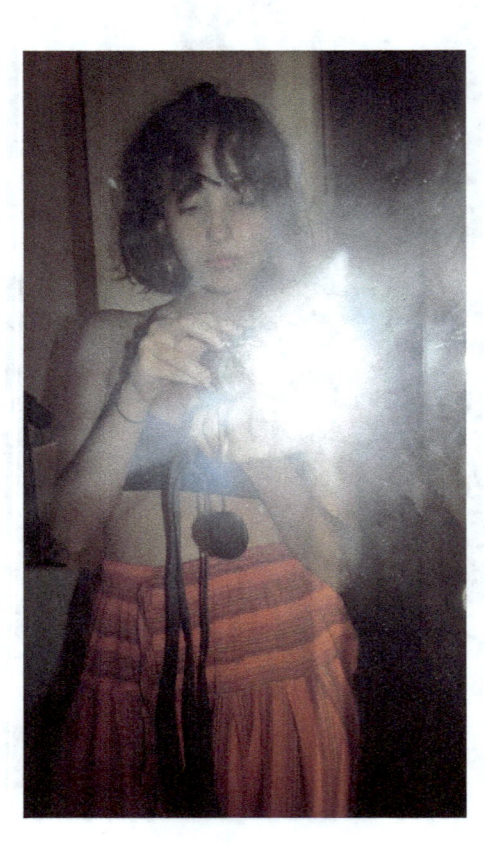

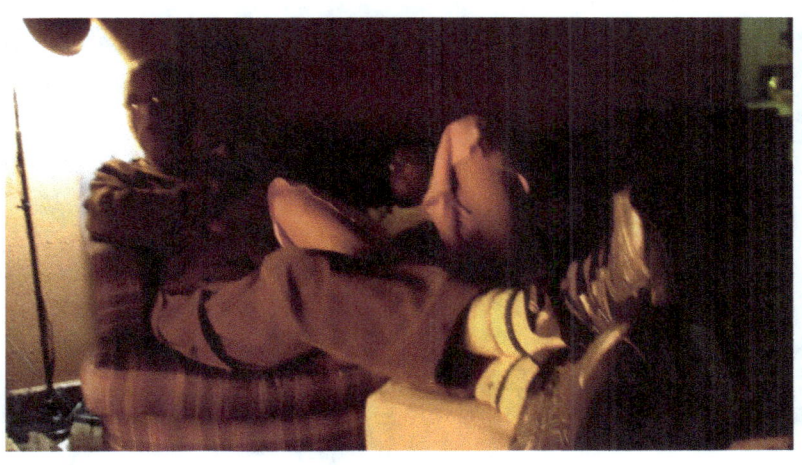

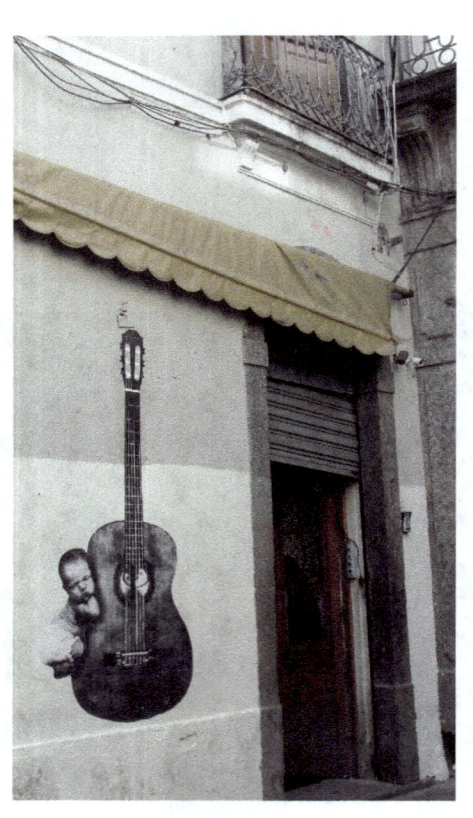